L'ARMÉNIE AGONISANTE

ET

L'EUROPE CHRÉTIENNE

APPEL AUX CHEFS D'ÉTAT

PAR

Le Père F^x CHARMETANT

―――◇◆◇―――

PARIS
AU BUREAU DES ŒUVRES D'ORIENT
RUE DU REGARD, 20

AUX CHEFS D'ÉTAT

CHANCELIERS, AMBASSADEURS ET MINISTRES

DES SIX GRANDES PUISSANCES

SIGNATAIRES DU TRAITÉ DE BERLIN

Tout un peuple chrétien est injustement condamné à disparaître, à bref délai, par un souverain musulman que ses forfaits devraient mettre au ban de l'humanité.

Ce peuple, abandonné de tous, est présentement exterminé, non plus dans de grandes hécatombes, mais dans les tourments les plus odieux, les plus atroces que l'histoire ait enregistrés.

C'est à vous de le sauver !

Pendant que vous délibérez entre vous sur les moyens de comprimer, même par la force, les élans généreux de la plus faible des nations de l'Europe, le Turc que vous protégez se hâte, lui, d'achever sournoisement sa besogne homicide ; et, là-bas, dans cette Arménie pantelante que vous affectez d'oublier, le drame sanglant devient chaque jour plus sombre et plus terrible.

Vos peuples s'inquiètent à bon droit : leur conscience chrétienne ne comprend rien à cette politique néfaste qui consiste à protéger le musulman oppresseur et à laisser périr le chrétien opprimé.

Lisez cet appel que vous adresse l'Arménie dans son épouvantable et lente agonie. Lisez les pages navrantes, écrites dans le sang et les larmes, que viennent de me faire parvenir les chefs religieux de cette malheureuse nation, que vous avez solennellement prise sous votre protection collective au Congrès de Berlin, et que vous laissez écraser et anéantir, sous vos yeux, par ses sauvages oppresseurs.

L'humble prêtre qu'ils ont chargé de transmettre à vous, grands de la terre, cet appel désespéré, vous supplie par les entrailles du Christ, votre Maître et votre Juge, de prendre en pitié les débris de ce peuple qui va mourir!

En vertu de la solidarité humaine, et surtout de la solidarité chrétienne, l'Arménie a droit à votre secours; et votre devoir est de venir d'urgence à son aide, sinon le sang de ses fils innocents retombera sur vos nations et sur vos têtes.

Craignez le jugement de l'histoire.

Craignez surtout le jugement de Dieu!

La justice est éternelle. Le droit est imprescriptible.

Or, cette race agonisante, qui est la doyenne des races civilisées, a le droit de vivre.

La justice vous commande de l'arracher à sa prochaine destruction.

Votre propre intérêt enfin vous impose de ne pas vous faire les complices de l'Islam dans cette œuvre criminelle d'extermination.

En la laissant s'accomplir, vous pécheriez contre vos frères et contre Dieu!

Ce n'est jamais impunément, pour les nations comme pour leurs chefs, que se commettent de pareils attentats contre l'humanité, contre la justice, contre le droit!

F^x CHARMETANT,
Missionnaire apostolique,
Directeur général de l'Œuvre d'Orient.

APPEL SUPRÊME

DE

L'ARMÉNIE AGONISANTE

A L'EUROPE CHRÉTIENNE

Extermination clandestine des chrétiens d'Arménie.

Nous venons de recevoir, par voie du Caucase et de Tiflis, un rapport terrifiant, adressé par quelques notables arméniens et les évêques grégoriens des provinces de l'intérieur, à leurs frères de l'Arménie russe et à leur patriarche, le catholicos d'Etchmiadzine, qui réside au pied de l'Ararat, en territoire russe, non loin de la frontière ottomane.

La simple lecture de cet épouvantable récit fera comprendre à quels périls certains et terribles s'est volontairement exposé celui qui a accepté de porter jusqu'à Tiflis cette correspondance, dont la publication ne peut que soulever l'indignation du monde civilisé.

Il a mis près de trois mois, du 15 décembre au 5 mars, avant de pouvoir franchir, au prix de quelles difficultés! de quels périls! la frontière turque, aujourd'hui soigneusement gardée pour empêcher l'émigration.

Il savait d'avance qu'il aurait à subir la mort dans les plus affreux supplices s'il était découvert. Il s'est dévoué quand même à affronter ces dangers, pour que l'Europe chrétienne apprenne enfin comment ses injonctions sont écoutées, comment sont tenues les promesses solennelles qui lui sont faites, et comment sont appliquées, dans ces malheureuses provinces de l'intérieur, les réformes qu'elle réclame depuis si longtemps, et que la Sublime Porte lui assure être déjà en voie d'exécution !

Ce n'est plus l'égorgement en masse qui se pratique maintenant sur les malheureux Arméniens ; ce ne sont plus ces hécatombes terribles de 1895-96 qui, violemment et le même jour, faisaient disparaître, par ordre et au signal donné, toute la population chrétienne d'une ville ou d'un village, en les inondant du sang des Arméniens !

Les Turcs ont compris que l'Europe a fini par s'émouvoir de ces tueries, et comme ils craignent maintenant une intervention armée, ils ont changé de tactique.

C'est le martyre à petit feu, c'est l'extermination clandestine, par la plus affreuse et la plus implacable des persécutions, qu'ils ont organisée depuis un an, surtout dans les provinces plus éloignées, contre la race arménienne qu'ils ont juré de faire disparaître lentement mais sûrement, en prenant les précautions nécessaires pour ne pas trop émouvoir l'Europe.

La traduction du grave document qu'on va lire est aussi exacte que possible. Nous n'y changeons rien. Nous avons seulement supprimé certains noms propres pour ne compromettre personne.

Nous livrons ces quelques pages aux méditations du public français et de nos hommes d'État, en même temps que nous les transmettons, selon la demande qui nous en a été faite, aux souverains, chanceliers, ambassadeurs et ministres des six grandes puissances, signataires du traité de Berlin.

Après avoir lu cet appel désespéré d'un peuple à l'agonie, on comprendra qu'il y a quelque chose à faire, que des résolutions énergiques doivent être prises, à bref délai, pour le sauver de l'horrible destruction à laquelle travaillent sans relâche ses oppresseurs.

A défaut des chefs d'Etat, s'ils restent indifférents au sort de ce peuple qu'on égorge sous leurs yeux, c'est à l'**Opinion,** cette grande souveraine, plus puissante et plus généreuse souvent que les têtes couronnées, à prendre en mains la cause de l'Arménie opprimée, contre les Turcs oppresseurs, en obligeant les puissances à agir, même par la force, dans le sens de l'humanité et du droit.   F. C.

A NOS FRÈRES ARMÉNIENS

DE L'ARARAT ET DU CAUCASE, EN TERRITOIRE RUSSE

Le 15 décembre 1896.

Frères bien aimés,

Nous savons vos âmes en deuil par les massacres infernaux qui ensanglantent l'Arménie turque. Aussi, est-ce une peine pour nous de raviver les douleurs et les tristesses de vos cœurs qui saignent si cruellement de toutes les blessures faites à notre patrie.

Depuis deux ans surtout, notre pauvre Arménie a vu ses montagnes et ses plaines inondées du sang de ses enfants, et nos fleuves ont roulé dans leurs flots rougis des milliers de victimes innocentes.

C'est par centaines de mille, en effet, que les Arméniens ont été égorgés brutalement, en des drames horribles; et les cadavres de ces victimes de la barbarie musulmane sont encore privés, pour la plupart, de toute sépulture chrétienne, gisant sous le ciel comme une muette mais terrible protestation contre ces carnages inhumains.

*
* *

Jusque-là le territoire du Daron n'avait eu à subir qu'une seule hécatombe et se croyait plus favorisé que les autres provinces, que des massacres en masse avaient dévastées ; mais aujourd'hui les Turcs emploient une tactique plus sauvage et plus infernale que nulle part ailleurs, pour exterminer la population arménienne, non plus par des fusillades, mais par des tortures indicibles.

Il nous est impossible de décrire en détail les maux infinis, les cruautés inhumaines que chaque musulman de nos villages se croit en droit de faire subir aujourd'hui aux Arméniens de ces lointains vilayets.

Chaque jour et même chaque nuit amènent un redoublement de nouvelles tortures, une aggravation de nouveaux tourments de la part de chacune des classes de la population musulmane.

Pleine liberté est donnée à tous d'arriver par tous les moyens à faire disparaître la race arménienne, et chacun s'ingénie à découvrir de nouvelles inventions pour exterminer les mâles, pour déshonorer et violer les femmes et les filles ; pour leur faire apostasier la foi chrétienne ; pour les dépouiller, riches et pauvres, de tout ce qu'ils possèdent ; pour piller et détruire tous les biens et propriétés appartenant à la population arménienne ; pour voler, salir et profaner, enfin, tous les objets sacrés de notre culte !

C'est l'anarchie la plus complète et la plus épouvantable qui règne dans tout ce pays, où désormais l'impunité est assurée à tout crime ou délit, quel qu'il soit, commis contre des Arméniens !

Le gouvernement turc excite lui-même et provoque le fanatisme musulman, jusque-là assoupi, pour déchaîner la haine et les passions sanguinaires contre tout ce qui est chrétien, et, pour que les musulmans détruisent par le fer ou par les flammes de l'incendie tout ce qui reste encore aux Arméniens.

*
* *

Si ce malheureux peuple est parvenu jusqu'à l'heure présente à pouvoir, non plus vivre, mais respirer encore en Turquie, c'est par un vrai miracle de Dieu ! C'est aussi par suite de la vitalité de notre race dont la force de résistance lui a valu de traverser mille années de persécutions et de luttes, avec le seul appui de sa foi chrétienne, et grâce à notre éternelle maxime : « Prenons patience ! Supportons tous les maux qui pèsent sur nous. Vivons quand même, et résistons toujours, avec la confiance qu'après tous ces fléaux, nous reverrons enfin la liberté rendue à notre foi, à notre patrie, et la sécurité à nos vies ! »

Voilà le secret qui relève nos âmes accablées. C'est cette foi sacrée qui, malgré tant d'épouvantables fléaux, entretient, dans le cœur de ce qui reste d'Arméniens, la flamme de la confiance, et maintient encore un souffle de vie — mais quelle vie ! — dans nos corps épuisés par ce long et douloureux martyre infligé à notre nation !

Est-ce bien une vie, en effet, que d'avoir son âme livrée à toutes les tortures, à toutes les angoisses ? son corps à tous les abus de la force, à tous les tourments de la faim, du froid, du plus complet dénuement ? de voir les siens traqués, égorgés, brûlés ; les survivants mourir épuisés, sans pain, sans vêtements, sans abri ; et toute notre race vouée à l'extermination, sans que ses appels désespérés et ses clameurs déchirantes, sans que nos pleurs, nos sanglots, nos supplications soient entendus?

Hélas! personne ne vient à notre secours! pas même une parole de consolation ou d'espoir... et notre ennemi est une bête féroce qui veut nous dévorer!

* * *

La férocité, la barbarie des Turcs ne fait qu'augmenter; mais aujourd'hui ils poursuivent plus méthodiquement leur but et par des moyens plus variés et plus odieux qu'autrefois, surtout par la perception des taxes et l'exécution des corvées, pour nous dépouiller et nous anéantir.

Dans nos provinces reculées, en particulier, leur oppression est plus abominable et leurs exactions plus perfectionnées que dans les autres qu'ils ont déjà dévastées et ruinées. On dirait qu'ils veulent profiter de l'expérience déjà acquise ailleurs pour mieux nous torturer ici, dans cette région qui est plus abandonnée parce quelle est plus lointaine et plus isolée.

Ainsi on s'efforce de concentrer à Mouch le plus grand nombre possible de vos enfants et de vos frères de l'Arménie turque, afin de pouvoir les décimer plus à l'aise et les faire disparaître sans bruit, sans que les cris des victimes n'attirent trop l'attention.

Nos oppresseurs, nos assassins, ne cherchent plus à nous tuer en masse; mais nous succombons maintenant les uns après les autres, en plus grand nombre et plus sûrement, sous les tourments plus atroces qu'on nous inflige.

Il semble que la série des épouvantables supplices que les musulmans savent infliger à leurs victimes est loin d'être épuisée; en effet, ils imaginent chaque jour de plus horribles tortures, comme s'ils voulaient donner un caractère plus abominable à leur fanatisme et mettre, plus profondément encore que pendant ces mille ans écoulés, le sceau de la plus féroce barbarie à cette fin du dix-neuvième siècle.

*
* *

Les grands massacres ont cessé pour le moment, mais on continue sans interruption les tueries partielles : on préfère maintenant nous dépouiller et nous immoler les uns après les autres, sans jamais s'arrêter.

En massacrant des milliers de chrétiens en un jour, comme on l'a fait successivement, depuis quelques années, dans chaque ville et dans chaque province, cela finit par attirer l'attention; mais personne ne remarquera la disparition des chrétiens par dizaine ou par vingtaine à la fois, selon l'occasion; et chacun de nos persécuteurs en droit de penser que si les auteurs de ces grandes hécatombes, au lieu d'être châtiés, ont tous reçu des décorations et de l'avancement, il en sera certainement de même pour les bourreaux de ces tueries partielles se renouvelant chaque jour.

En attendant la récompense officielle de leurs forfaits, tous ceux qui parviennent à enlever ou violer quelques-unes de nos femmes ou de nos vierges, à égorger un chrétien innocent, à piller, saccager ou brûler nos maisons ou nos biens, se parent immédiatement du titre de *ghazi*, qu'ils sont si glorieux d'ajouter à leurs noms, se proclamant ainsi, aux yeux de tous, comme des triomphateurs (1), comme s'ils revenaient victorieux de la guerre sainte! Aussi y a-t-il entre

---

(1) Presque dans chaque ville, au moment des grands massacres, on a vu des mères musulmanes mettre un couteau dans la main de leur jeune enfant de quatre ou cinq ans, et guider leur bras pour l'aider à achever un chrétien qui râlait, la gorge ouverte, afin de pouvoir joindre désormais le titre de *ghazi* au nom de cet enfant, et pour qu'il puisse, pendant toute sa vie, se glorifier de ce haut fait.

eux comme une sorte d'émulation haineuse et farouche à qui nous torturera d'avantage.

Les plus à plaindre ne sont pas ceux de nos frères que les massacres ont arrachés par centaines de milliers à cette vie intolérable, mais nous qui, après avoir assisté à tant de drames sanglants, sommes toujours livrés, sans défense possible, à la brutale persécution, aux violences indicibles de ces barbares. Il n'est pas un seul Arménien, dans tout notre district, qui ne préfère cent fois la mort à ces supplices d'enfer.

C'est chaque jour que ces fauves sanguinaires nous crachent au visage avec des paroles de mépris, et profèrent ces cris de menaces : « Vous, vos femmes, vos vies, tout ce que vous possédez nous appartient; c'est notre propriété !

» Nous pouvons, quand nous le voudrons, faire tomber vos têtes sous nos yatagans ; toute liberté, toute autorisation nous sont données ! Nous sommes les maîtres de votre vie ou de votre mort.

» Vous n'êtes tous que nos esclaves. Tant que nous pourrons avoir besoin de vous, nous vous laisserons vivre ; mais le jour où cela nous plaira, nous vous tuerons sans pitié; aucun de vous n'échappera ! »

*
* *

C'est ce même plan méthodique d'extermination des Arméniens que le gouvernement turc emploie à Bitlis, à Mouch, dans tous les vilayets éloignés ; et partout il se sert, pour l'exécuter, des autorités locales qui doivent organiser la persécution dans tous ses détails, distribuer à chacun son rôle, indiquer à chaque horde séparée ce qu'elle doit faire pour opprimer les chrétiens qui les entourent et amener peu à peu leur complète disparition.

S'il arrive, par hasard, que quelqu'un se montre plus humain, moins fanatique, et néglige d'accabler les pauvres chrétiens des mauvais traitements prescrits, aussitôt les fonctionnaires grands et petits, les représentants de l'autorité tant civile que militaire, s'empressent de venir stimuler le zèle qui se ralentit, et décrètent même, s'il le faut, de nouvelles mesures de cruauté.

Ces procédés de persécution violente sont appliqués maintenant avec un tel ensemble dans ces malheureuses provinces, qu'il nous est facile de préciser ici, dans ses divers détails, la tactique officielle du gouvernement turc pour amener, sans trop éveiller l'attention, la destruction — lente mais certaine — de la race arménienne.

I. **Procès.** — Tous procès, même les plus injustes, intentés par un musulman contre des Arméniens, sont invariablement jugés contre ces derniers, avec le plein agrément de l'autorité : il n'existe même pas un seul cas que l'on puisse citer, à titre de spécimen, où justice ait été rendue à un Arménien.

Les Turcs déclarent maintenant que ce serait aller contre le *chériat* (loi musulmane) que de donner raison à un *ghiavour* :

« Les ghiavours, disent-ils, ne sont que la propriété des musulmans qui peuvent en faire ce que bon leur semble : les vendre ou les détruire à leur gré ! »

Les Arméniens connaissent si bien, par mille faits semblables, cet état d'esprit des Turcs, qu'il ne leur vient même plus à la pensée d'intenter un procès à un de leurs oppresseurs ou de revendiquer leurs droits les plus légitimes quand ils sont violés par eux ! Aussi chaque musulman s'arrange-t-il à sa convenance pour exercer contre les Arméniens ses rapines et ses cruautés : il est sûr de l'impunité.

II. **Disparition des notables.** — Quiconque jusque-là pouvait vivre honorablement de ses biens ou appartenait par sa situation à la catégorie de nos *notables*, qui sont les protecteurs attitrés des paysans Arméniens, s'est vu en butte à de calomnieuses accusations, a été appréhendé et jeté en prison. Ses biens ont été pillés et ses maisons dévastées, puis incendiées par les Turcs et les Kurdes.

III. **Crime de rébellion.** — Il est passé en habitude maintenant de traquer les Arméniens les plus paisibles et les plus innocents, de les condamner à la prison et à de lourdes amendes, sous les prétextes les plus futiles et en particulier sous la fausse accusation de rébellion.

Aussi, tous les infects cachots de nos provinces regorgent-ils en ce moment de ces malheureux détenus qui y subissent, jour et nuit, les plus inimaginables tortures, au point que, plusieurs fois par jour, on ramène de ces lieux maudits les cadavres de ceux qui y étaient entrés, peu auparavant, en pleine santé ; mais ils sont aussitôt remplacés par d'autres qui en sortiront de même...

Là, dans ces infâmes cachots, le Turc sort de la contrainte que lui impose maintenant la crainte de l'Europe : il peut faire crier ses victimes tout à son aise, au milieu des lentes et indicibles tortures que sa cruauté raffinée lui fait découvrir... Personne autre que lui ne les entend !

IV. **Cas de légitime défense.** — Il arrive quelquefois qu'un Arménien, poussé à bout, cherche à défendre sa vie ou l'honneur de sa famille contre les attaques de ses bourreaux.

Aussitôt des soldats sont envoyés contre lui, sous prétexte de rébellion ! Ils s'emparent de sa personne, pillent tout dans sa maison, détruisent ce qu'ils ne peuvent emporter, et, séance tenante, sans jugement, sans aucune formalité, le mettent en pièces, ou bien, ce qui est pour lui un bien plus grand malheur, ils le traînent en prison où il devra partager le sort épouvantable de ses codétenus.

V. Interdiction des armes. — Le point sur lequel la surveillance des musulmans de toute catégorie paraît s'exercer avec le plus de vigilance et de sollicitude, c'est la défense qui est faite aux chrétiens d'avoir des armes.

Tandis qu'un Turc, un Kurde, même un musulman de la classe la plus infime, peut circuler partout, armé de la tête aux pieds, il est rigoureusement interdit à tout Arménien d'avoir en sa possession aucune arme, quelle qu'elle soit, même un simple canif; et s'il arrive que, dans les perquisitions qu'on ne se gêne pas de faire chez lui, on découvre un seul couteau de cuisine, on arrête immédiatement le malheureux comme rebelle à la loi et détenteur d'armes prohibées, et il est jeté dans les épouvantables cachots dont nous venons de parler.

VI. Apostasies forcées. — Si le plan infernal de cette persécution est de détruire les chrétiens mâles, il consiste également à imposer l'islamisme par la force à leurs femmes et à leurs filles.

Toute Arménienne qui est enlevée ou violée par un musulman, ne tarde pas à être traduite devant le conseil administratif qui l'oblige invariablement à se déclarer musulmane, après quoi on la rend à son bourreau.

Partout où il y a massacre d'Arméniens, l'apostasie est imposée aux Arméniennes par la force.

Tout musulman qui désire s'emparer d'une jeune Arménienne n'a qu'à l'introduire de force devant un conseil administratif. Là, on déclare, sans même l'entendre, que la malheureuse a librement embrassé l'islamisme, et elle devient la proie de son ravisseur...

Il ne se passe pas de jour sans que de nombreuses conversions forcées à l'islamisme soient imposées, par ce moyen, à de pauvres chrétiennes!

A Boulouik, par exemple, les soldats kurdes du régiment *Hamidié* se sont emparés des filles les plus belles parmi les Arméniennes et leur ont fait imposer cette apostasie obligatoire!

Depuis lors, ces malheureuses victimes ne cessent de gémir, d'implorer, de supplier! Mais, hélas! que pouvons-nous faire? qui viendra à leur secours?

VII. **Fonctionnaires arméniens.** — De tout temps le gouvernement turc recrutait, parmi nos populations arméniennes, des employés à diverses charges, et tous étaient considérés parmi les plus honnêtes et les plus fidèles. Aujourd'hui tous sont destitués!

Beaucoup d'entre eux ont été jetés dans les cachots, où ils sont morts par les mauvais traitements; il en reste encore un certain nombre qui y endurent des tourments sans fin, tandis que leurs familles, restées sans protection et sans secours, sont tombées dans la plus affreuse misère!

VIII. **Taxes et impôts.** — Le moyen le plus sûr que l'administration turque ait trouvé de dépouiller et de ruiner l'Arménien avant de l'exterminer, c'est de l'accabler de taxes, d'amendes et de corvées; c'est de multiplier ses impôts.

Non seulement on le traduit devant les tribunaux pour le dévaliser de ce qu'il possède, mais encore on le frappe d'amendes, on le condamne à d'énormes frais de justice pour les procès iniques qu'on lui intente.

Depuis quelques années, on impose en outre une taxe de quinze ou vingt piastres par chaque tête d'Arménien, soi-disant pour la construction de nouvelles routes, qu'on ne songe même pas à tracer; de même, on prélève sur eux à chaque instant, au besoin par la force armée, et au nom de chaque municipalité, des impôts de toutes sortes dont on n'indique même pas le motif ni l'emploi.

Il existe une taxe scolaire, prélevée au nom de l'Instruction publique, et que l'on fait peser lourdement sur les Arméniens, bien que jamais la moindre parcelle de cet impôt ne profite à nos écoles; non seulement on ne leur donne rien, mais on en chasse nos enfants, on les ferme de force, on persécute ou on jette en prison les maîtres dévoués qui instruisaient les jeunes Arméniens.

Inutile d'ajouter que les auteurs de toutes ces persécutions, non seulement restent impunis, mais ils deviennent l'objet de toutes les faveurs.

La perception de ces impôts et de ces taxes se fait avec un redoublement de barbarie inouïe.

On nous contraint de payer de prétendus arriérés remontant à douze années! et ceux qui restent sont tenus de payer pour eux personnellement d'abord, et ensuite pour ceux qui ne sont plus là, soit parce qu'ils sont morts, soit parce qu'ils sont parvenus à émigrer, afin de se soustraire à tant de tourments.

IX. **Banque agricole.** — Sous prétexte de favoriser l'agriculture dans le pays, mais en réalité pour s'emparer des propriétés que peuvent encore posséder les Arméniens, l'administration vient de créer une prétendue *Banque agri-*

cole dont le capital a été prélevé tout entier sur les seuls Arméniens, bien que ses opérations ne profitent qu'aux seuls musulmans.

Tous les terrains appartenant à nos nationaux sont pris successivement pour servir d'hypothèques à cette banque.

X. Usuriers. — Les malheureux chrétiens, s'ils veulent échapper aux affreuses tracasseries des percepteurs, ne peuvent plus s'adresser comme auparavant à des capitalistes de leur nation, — il n'y en a plus! Ils doivent donc emprunter à des usuriers musulmans qui ne leur prêtent qu'en prenant comme garantie tout ce qu'ils peuvent encore posséder, et seulement à 100 p. %, et souvent même à 200 p. %, pour une seule année!

Et encore, pour pouvoir se procurer à de pareilles conditions l'argent qu'on leur réclame, les malheureux sont obligés de donner comme caution hypothécaire leurs terrains, leurs récoltes à venir, leurs bestiaux et jusqu'à leurs propres personnes!

XI. Concussionnaires. — Jamais les percepteurs ne délivrent de quittances pour les sommes qu'ils reçoivent. Il s'en faut, d'ailleurs, qu'ils versent à la caisse gouvernementale ce qu'ils ont perçu de la population, sans en prélever pour eux une large part.

Sous ce même nom de percepteurs, il faut aussi comprendre les fonctionnaires de toutes charges et de tous rangs qui, par dizaine et par vingtaine, s'abattent sur notre malheureuse population et rivalisent à qui l'épuisera davantage et saura en tirer le plus, au besoin à l'aide de flagellations barbares.

Signalons seulement les farouches zaptiés ou gendarmes,

les soldats inhumains de l'armée régulière et les *rédifs* de la réserve ; les créanciers du gouvernement, les fournisseurs de l'armée et ceux de la cavalerie ; les mudirs, les recouvreurs des dîmes, etc., etc.

Souvent le gouvernement décide que tous ces percepteurs viendront à la fois, le même jour, dans un même village, de façon à ce que le pauvre paysan, à peine sorti des tortures que l'on vient de lui faire subir pour être payé, tombe dans les griffes de l'autre qui lui infligera le même supplice ; et, ce même jour, avant que le soleil ait disparu, le pauvre Arménien se verra mis de nouveau à la torture, jusque dans sa maison, par l'agha des Kurdes, qui vient lui réclamer à son tour le tribut spécial (kafiri) qu'il a pris l'habitude de prélever pour lui-même, en dehors des impôts du gouvernement turc.

XII. **Atrocités du fisc.** — Les agents du fisc sont mille fois plus féroces que les Tartars. Ils arrivent à l'improviste dans un village, et, armés de matraques ou de yatagans, ils se précipitent dans nos maisons, commencent par s'emparer des malheureux habitants, et se mettent à les flageller s'ils ne trouvent pas prêt ce qu'ils réclament.

Ils fouillent partout, de la cave au grenier, brisent tout ce qui leur tombe sous la main, s'emparent des provisions cachées, des vêtements de travail et même des linges usés qui servent à couvrir le corps nu des petits enfants!

Et pendant tout ce temps ils se font entretenir, eux, leurs suites, leurs montures, aux frais du village qui doit les pourvoir de tout très abondamment. Bien que les impôts soient prélevés chaque année avec la plus extrême dureté, ils réclament maintenant non seulement ceux de l'année courante, mais ceux, disent-ils, des années précédentes ; et pour cela ils jettent hommes et femmes en prison, — car les femmes ne sont pas épargnées, — et leur infligent les plus odieux supplices, sous prétexte de les obliger à révéler ce qu'ils tiennent caché.

On les promène dans les rues avec des chaînes au cou, on les prive de nourriture pendant plusieurs jours ; les uns sont attachés à des colonnes, la tête en bas, pendant qu'on jette sur eux de l'eau glacée; d'autres sont frappés de verges jusqu'au sang, ou bien on les attache, les mains derrière le dos, par des menottes, avec des chats qu'on rend furieux et qu'on jette dans leurs seins, et souvent on brûle diverses parties de leurs corps au fer rouge.

Aux hommes, on arrache violemment la moustache et la barbe, par poignées, et aux femmes les cheveux ; on souille leurs visages et on leur introduit de force des ordures dans la bouche, pour les obliger à blasphémer les sacrements du christianisme et les rites sacrés de leur religion nationale, sans parler des femmes que l'on outrage, car après avoir dépouillé ces pauvres gens de tout ce qu'ils possèdent, on leur enlève même l'honneur !

Si ces forcenés estiment n'avoir pas trouvé chez les malheureux chrétiens une quantité suffisante de provisions, d'instruments de travail et de bétail, comme équivalence du chiffre qu'ils ont fixé pour les impôts, alors ils démolissent les maisons afin de vendre les matériaux aux musulmans qui les achètent à vil prix : c'est ainsi qu'on a déjà détruit des milliers de maisons arméniennes, dont les habitants sont restés sans abri, grelottant de froid pendant toute la durée de cet hiver.

A la suite de ces tortures et de ces traitements barbares, la plupart tombent gravement malades, et beaucoup ne tardent pas à succomber... .

Il n'est pas possible de décrire en détail les excès de tous genres auxquels se livrent ces collecteurs d'impôts : depuis l'officier supérieur jusqu'au dernier des soldats, tous se montrent plus inhumains et plus cruels que les bachi-bouzouks !

Tout récemment, quelques soldats, leur sergent en tête, ont commis, au village de Oghgan, près de Mouch, un crime contre nature sur un malheureux enfant de dix ans, avec tant de barbarie que ce pauvre enfant, nommé Nazar, a été laissé presque agonisant.

Un autre petit garçon du village de Sordar, près du couvent de Sourp-Garabed, a été outragé avec la même cruauté.

Bien qu'on ait porté plainte aussitôt devant qui de droit, non seulement les coupables n'ont pas été châtiés, mais ils n'ont pas tardé à recevoir des faveurs et des encouragements.

Déjà les deux tiers de nos paysans, ruinés et mourant de faim, ont pu émigrer après que le gouvernement leur a fait enlever, sous prétexte qu'ils n'avaient pas payé les impôts, toutes leurs provisions et réserves de l'année, leurs attelages, leurs bestiaux, et jusqu'à leurs outils de travail. Les chaumières qu'ils avaient abandonnées ont été démolies, après leur départ, et vendues pour couvrir de prétendus impôts restés impayés.

Le fisc n'ayant plus de pauvres à dépouiller, s'est alors tourné vers les quelques familles arméniennes qui avaient encore de quoi vivre et qui restaient dans leurs foyers. Il exige d'eux des taxes qu'ils ont déjà payées, et les contraint à vendre leurs attelages et tout ce qu'ils possèdent encore pour s'acquitter de nouveau.

C'est ainsi que le gouvernement turc et les musulmans de nos contrées, encouragés par lui, ont tellement opprimé la population arménienne qu'elle en est arrivée au dernier degré de l'épuisement et de la misère.

Des villages riches et peuplés sont aujourd'hui complètement détruits, et d'autres à peu près anéantis. Là, où se trouvaient plus de deux cents attelages, il n'en reste que cinq ou six, et encore ne servent-ils plus qu'aux Turcs et aux Kurdes.

Il semble bien que le plan de destruction, pratiqué jusque-là par les pillages et les massacres en masse des Arméniens, est remplacé maintenant, au moins dans nos malheureuses provinces, par les tortures plus lentes, mais plus cruelles, dont la perception des taxes et des impôts servent de prétexte. Aussi les pauvres Arméniens survivants appellent-ils chaque jour, de tous leurs vœux, la mort plus prompte d'autrefois, mais qui, hélas! ne vient plus que lentement et à petits pas!

XIII. **Vente des dîmes**. — Jamais la pratique immorale qui consiste à vendre les dîmes à des acquéreurs sans pudeur et sans entrailles, n'a produit autant d'excès et d'abus que cette année-ci.

Les chrétiens ont été systématiquement écartés des enchères, et les musulmans seuls ont pu se porter acquéreurs des dîmes de nos malheureux villages, qu'ils ont traités en pays conquis, au point de prélever non seulement la totalité de nos céréales, mais encore la vie et l'honneur même des pauvres Arméniens.

Notre pays, déjà dévasté par tant d'abus successifs, a été complètement ravagé par les dîmeurs et leurs commis qui ont pu librement assouvir à la fois leur cupidité et leurs passions dans des conditions d'atrocité révoltante.

Ils se sont installés d'office chez nos malheureux paysans avec leurs serviteurs et leur suite, qu'il fallait nourrir et payer pendant tout le temps qu'il leur a plu de passer dans dans nos villages. Ils s'emparaient de tout ce qu'ils trouvaient à leur convenance, et le faisaient transporter gratuitement et par corvée ; ils estimaient au triple de sa valeur le fourrage dont ils ne voulaient pas et obligeaient les paysans à le racheter.

Quand l'orge et le foin venaient à manquer à leurs chevaux, ils leur faisaient servir les maigres provisions de céréales que l'habitant avait pu mettre en réserve pour sa misérable nourriture et celle de sa famille.

Quant aux ignominies de tout genre dont les Arméniens ont été victimes, inutile de les énumérer ici : c'est aujourd'hui leur pain quotidien.

XIV. **Impôt des Kurdes.** — L'oppression des aghas kurdes s'est fait sentir, cette année, avec la même barbarie que celle des dîmeurs.

Les récents massacres ayant encore augmenté la terreur qu'ils inspirent partout, ils en ont profité pour se répandre dans toute la contrée, et, sous prétexte de vendre leur protection à nos malheureux paysans, ils ont redoublé leur tyrannique oppression, leurs pillages et leurs cruautés. Chaque village a dû payer à chacun de ces aghas 150 à 200 kilogrammes de blé, à titre de *kafir* ou rançon.

Ces Kurdes considèrent tellement nos montagnards arméniens comme leurs véritables esclaves, que là où les villages appauvris et ruinés ne sont plus en état de payer le *kafir*, ils n'hésitent pas à s'emparer des femmes, en lieu et place de ce tribut !

Quand il arrive qu'un de nos chrétiens, exaspéré par le désespoir, veut résister à une telle oppression, aussitôt on s'empare de sa personne, on le jette en prison comme coupable de révolte, et il est condamné à la plus horrible des morts !

Un officier turc, pour se donner le plaisir de faire périr un Arménien dans de nouvelles tortures, a imaginé de se procurer un bois aigu, mais au lieu de s'en servir pour empaler sa victime, il l'a fait introduire de force dans sa bouche, puis, faisant étendre le martyr, soigneusement ligotté, sur le dos, il a enfoncé lui-même ce pieu jusque dans la gorge !

Nous ne pouvons plus vivre ainsi... La vie nous est à charge. Notre désespoir est à son comble. Nous ne prenons même plus le soin d'ensevelir nos morts qui restent sans sépulture...

Que faire? Que devenir? A qui nous adresser dans notre détresse? Personne ne nous entend. Personne ne s'occupe de nous! Notre extrême misère n'inspire plus la pitié !

XV. **Emigration.** — Jusque-là, au moins, nous pouvions émigrer; mais maintenant on nous empêche de partir.

Nous ne pouvons plus fuir cette terre de malheur sans tomber dans des embuscades. Toutes nos routes sont gardées.

On ne veut pas que nous allions faire connaître au dehors les maux affreux que nous endurons. Il s'est établi dans tous les défilés de nos montagnes, le long des routes, près des gués de nos rivières et des ruisseaux, des bandes de malfaiteurs, qui ont mission de détrousser les chrétiens, de les empêcher de passer, et qui s'amusent ensuite à leur faire subir toutes sortes de tortures quand ils ne les égorgent pas sur place! Personne n'a encore songé à faire cesser de tels brigandages, qui sont évidemment autorisés par nos oppresseurs.

XVI. **Corvées et prestations.** — Depuis de nombreuses années, on nous avait accablés de lourds impôts destinés, disait-on, à faire des routes, à construire des ponts; mais comme les employés du fisc se sont approprié le produit de ces taxes, on contraint maintenant tous les Arméniens majeurs, bien qu'ils se soient acquittés de cet impôt, à venir travailler gratuitement sur les routes, loin de leurs familles et de leurs villages.

Les femmes de leur côté sont réunies, en plusieurs endroits, sous prétexte de travailler, elles aussi, à la corvée, mais en réalité pour que les employés turcs puissent assouvir sur elles leurs passions ignobles, après quoi elles sont relâchées.

Même par les plus grands froids et par la neige, des milliers de malheureux, à peine vêtus, sont obligés de travailler toute la journée, sans pouvoir prendre aucune nourriture !

Encore si ces malheureux étaient traités humainement par les surveillants turcs qui leur servent de geôliers ! s'ils avaient au moins un abri couvert pour se reposer la nuit ! s'ils trouvaient des soins quand ils tombent malades !

Mais non ! le but de ces barbares est de les faire périr les uns après les autres. On veut maintenant, par d'autres moyens que par les grands massacres, faire disparaître toute la population mâle de l'Arménie !

Nos oppresseurs ne s'en cachent pas, d'ailleurs : « Vous croyez, disent-ils, que c'est pour faire des routes que vous êtes ici ? Point du tout ! C'est pour vous faire périr, pour exterminer toute votre race.

» Ces prestations devraient se faire en été ; mais alors vous pourriez surmonter la fatigue et échapper aux maladies qu'engendrent les frimas ; en vous tenant ainsi sous la neige et sous la pluie, nous sommes sûrs de moissonner vos vies !... »

Inutile d'ajouter que pas un seul Turc n'est condamné à ce dur travail des routes, et qu'on ne lui impose jamais ni taxe ni corvée par la force. Ces traitements ne sont réservés qu'aux seuls chrétiens, tandis qu'aux musulmans on accorde toutes les places, tous les postes et tous les emplois rémunérateurs.

Il est facile de se rendre compte que, dans de telles conditions, il ne se trouve pas, dans toutes ces provinces éloignées, un seul Arménien qui vive tranquillement à son foyer : les uns subissent les tortures de la prison, les autres sont en proie à la maladie qui les dévore sur leurs grabats humides ; d'autres encore se tordent dans les supplices que leur infligent les collecteurs d'impôts, et le reste gémit douloureusement sous l'oppression d'un gouvernement inhumain et dans les tourments de toutes sortes que leur font subir les musulmans barbares.

En vérité, le sort de la malheureuse population arménienne est devenu intolérable !

XVII. Exécution des réformes. — Ce mot est douloureux pour nous, depuis que le gouvernement turc a faussement promulgué les réformes demandées par l'Europe. Elles se bornent à l'accroissement du nombre d'employés et de fonctionnaires, dont nous souffrons davantage que par le passé.

Peut-il être jamais question de réformes, si elles doivent se faire par les Turcs seuls, sans le contrôle direct de l'Europe ? Peut-on pousser la naïveté jusqu'à croire que l'Islam, qui vient de se baigner dans le sang arménien, pourra jamais permettre aux chrétiens de se relever et de jouir encore du grand soleil de la vie ?

« Il n'y a pas de réformes pour les esclaves, nous disent les Turcs. Au lieu des réformes que vous attendiez, votre état ancien sera encore aggravé. Vous pouvez chercher, avec un flambeau allumé, votre sort d'autrefois : vous ne le retrouverez plus !

» Si vous continuez à crier et à vous plaindre, ou si l'Europe veut intervenir pour vous protéger, sachez-le bien : en moins de deux heures, nous vous exterminerons tous jusqu'au dernier ! »

Voilà, aux yeux de tout musulman, la vraie signification des réformes promulguées. Ne pas le comprendre, c'est vouloir nous livrer, pieds et poings liés, à la rage de nos bourreaux.

- Quelques faits feront mieux voir ce que sont les réformes pratiquées par la Turquie.

On a d'abord partagé chaque province, d'après le chiffre de sa population, en divers districts dont les chefs (mudirs) devaient être désignés par la majorité des habitants.

La province de Mouch avait donc été divisée tout d'abord en douze districts ; mais comme, en beaucoup d'endroits, la population chrétienne y est trois fois plus nombreuse que la population musulmane, on s'est aperçu qu'on serait dans l'obligation de pourvoir au moins deux de ces districts de mudirs arméniens.

On s'est donc empressé de modifier de fond en comble cette première organisation, dans toutes les provinces où les Arméniens sont en majorité sur certains points, et les douze districts de Mouch ont été ramenés à trois.

Malgré ce bouleversement, on a pris la précaution de faire venir les Arméniens pour leur ordonner, avec menaces, de ne pas voter pour un des leurs. De cette façon, ils ont pu mettre des chefs kurdes à la tête de ces districts chrétiens ! En sorte que la population arménienne voit son pays livré à la barbarie de ses écorcheurs, avec mission de le réformer...

Quelle sanglante ironie !

Il en est de même en ce qui concerne la gendarmerie. Le texte des réformes prescrit qu'elle doit être mixte, c'est-à-dire composée de musulmans et de chrétiens, d'après le chiffre respectif de la population. Or, on a inscrit quelques Arméniens parmi les fantassins, et d'autres, en plus petit nombre, parmi les cavaliers ; à peine une vingtaine au total. Mais, une fois incorporés, tous ont été traités avec tant de brutalité qu'ils n'ont pas tardé à s'enfuir.

Tout cela d'ailleurs était prévu d'avance par notre population qui ne s'est jamais fait la moindre illusion sur ces prétendues réformes ainsi mises à exécution, et qui, au contraire, voit l'avenir s'assombrir pour elle de plus en plus !

On nomme cependant des étrangers turcophiles à certains postes considérés comme importants, tels que sous-gouverneurs ou gouverneurs-adjoints : ce sont des Syriens ou des Grecs, amenés là pour remplir des fonctions purement nominales, et qui restent sans influence aucune.

Leur rôle se borne à approuver tout ce que le gouvernement turc juge à propos de faire ; et ils sont même surveillés avec une telle rigueur, que s'ils croyaient devoir réclamer ou s'opposer au moindre abus contre nous, ils seraient immédiatement destitués. Les plus consciencieux doivent donc rester indifférents à tout ce qui se passe, même de plus odieux et de plus intolérable, et se borner à recevoir leurs appointements.

XVIII. **Situation intolérable.** — Une semblable application de ces prétendues réformes est plus dangereuse pour nous que tout le reste. C'est par de tels moyens que les Turcs comptent nous anéantir tout à fait ; et si cet état de choses peut continuer quelques mois encore, ils espèrent bien parvenir à l'anéantissement de notre race.

En effet, il n'est plus possible maintenant à un Arménien de se livrer à aucun travail qui lui fournisse le moyen de gagner sa vie, même un peu de pain sec pour ne pas mourir.

Les communications d'un village à l'autre lui sont à peu près interdites ; il ne peut plus entreprendre aucun commerce, ni se livrer à aucune industrie.

Les Turcs ne laissent même plus les Arméniens exercer aucun métier. Comme ils se sont approprié leurs biens et leurs marchandises, ils comprennent qu'ils ne peuvent plus espérer de vivre à leurs dépens, comme par le passé ; aussi veulent-ils maintenant accaparer le commerce qu'ils avaient complètement négligé jusque-là.

En outre, chaque musulman, quand il a besoin d'un objet quelconque, n'hésite pas à en dépouiller par la violence les Arméniens, au lieu d'avoir à l'acheter et à le payer.

On leur interdit également tout trafic par correspondance : leurs lettres d'affaires, leurs journaux, leurs plis chargés, sont à la merci de leurs oppresseurs qui ne se gênent pas pour les intercepter, les déchirer ou s'en emparer.

XIX. **Outrages odieux.** — Non seulement les Arméniens sont ainsi dépouillés de tout ce qu'ils possèdent, mais on leur enlève même ce qu'ils ont de plus cher au monde, de plus précieux que la vie.

Il ne se passe pas un seul jour sans qu'on ait la douleur d'apprendre ou de voir, sur les divers points de nos malheureuses provinces, le massacre de nombreux Arméniens et le rapt de leurs femmes et de leurs filles.

C'est par milliers que les Arméniennes sont enlevées par les musulmans qui les regardent comme leur propriété et leurs esclaves !

Voici un fait qui s'est passé dans le district de Manazguerde. Un chef de bataillon *Hamidié*, le kurde Hassanli-Rizakh, s'empara avec les siens de toutes les jeunes vierges arméniennes qu'il put trouver. Après les avoir outragées lui-même et fait violer par ses soldats, il fit un choix des plus belles et leur imposa l'islamisme pour les garder ; les autres, il les fit épouser de force par les Arméniens !

Ce n'est pas seulement à Manazguerde, mais partout où bon leur semble, que les Turcs et les Kurdes commettent ces abominations.

Ils entrent par bandes chez les Arméniens ; les uns s'emparent des hommes qu'ils attachent solidement aux pièces de bois qui supportent leurs maisons ; les autres bâillonnent les femmes ; puis ils violent les épouses, les sœurs et les jeunes filles, sous les yeux des pères, des frères et des maris qui hurlent de rage et se tordent de désespoir, dans l'impuissance où ils se trouvent de défendre au moins leur honneur si odieusement outragé !

Ces bandits n'agissent ainsi, que parce qu'ils savent bien que l'Arménien est dépouillé de tout moyen de défense : tout ce qui peut ressembler à une arme ou en tenir lieu lui est rigoureusement enlevé.

Aussi, les malheureux survivants des massacres soupirent-ils tous après la mort et envient-ils le sort de leurs frères martyrs.

Tous font des vœux pour que de nouvelles tueries viennent bientôt les enlever tous en même temps.

Ils ne peuvent se faire à l'horrible pensée que si leurs filles et leurs femmes doivent leur survivre, elles deviendront la proie de leurs infâmes bourreaux, qui les outrageront, qui leur imposeront de force l'islamisme, qui les enfermeront à tout jamais dans leurs harems où, malgré elles, elles devront faire souche de musulmans...

XX. **Désespérance !** — Jusque-là, les survivants arméniens ont tout enduré, parce qu'ils gardaient l'espoir qu'on viendrait à leur secours, et qu'aujourd'hui ou demain ils seraient sauvés !

Mais cette patience surhumaine s'épuise, notre espérance s'affaiblit ; la force et l'énergie commencent à nous manquer.

Un seul moyen pourrait sauver d'une extermination certaine ce qui reste d'Arméniens, et arrêter la complète disparition de toute une race, c'est d'émigrer.

C'est d'ailleurs ce qu'ont fait les survivants d'Erzeroum, de Van, de Constantinople, après les épouvantables massacres qui ont désolé ces villes.

C'est également ce qu'avait voulu faire la population arménienne de nos provinces reculées, depuis qu'on les rend inhabitables aux chrétiens.

Mais, hélas ! le gouvernement turc a préféré nous garder comme ses esclaves, comme des otages dont les yatagans feront rouler les têtes, s'il se voit acculé par l'Europe à une situation difficile.

Il a donc pris un arrêté qui, pour mieux tromper l'Europe, semble favorable à l'émigration, bien que celle-ci soit réglementée de telle façon qu'elle devient absolument impossible.

Personne désormais ne pourra songer à émigrer : en effet, d'après les mesures récemment prises, si nous voulons fuir, non seulement nous devons faire le sacrifice complet de nos biens, de nos maisons, de nos propriétés, de tout ce que nous pouvons encore posséder, mais il est certain que nous ne pourrons gagner la frontière russe sans être exterminés !

XXI. **Que faire ? que devenir ?** — Encore une fois, que devenir ?

Si nous voulons garder nos foyers, on nous en dépouille ; on nous disperse !

Si nous voulons fuir au loin, on s'y oppose.

Si nous demandons la mort, on nous la refuse.

Si nous nous résignons à vivre, on nous tue à petit feu... Que faire? que devenir?

Nous le demandons à Dieu. Nous le demandons à nos frères d'Europe.

Que Dieu nous assiste! Que l'Europe nous prenne en pitié!...

(Traduit par H. A.)

LE DEVOIR DE L'EUROPE

Après la lecture de ces pages navrantes, on est en droit de se demander : que va faire l'Europe pour mettre un terme à cette extermination voulue, implacable, plus lente mais plus sûre, de la race arménienne?

Ah! si les puissances apportaient à cette œuvre humanitaire la même vigueur, la même décision, les mêmes contingents de forces que pour empêcher la Grèce de secourir efficacement ses frères de race, de langue et de religion!

Mais non! toutes ses énergies, l'Europe les réserve contre les chrétiens pour protéger les Turcs! Mais quand il s'agit de mettre ces derniers en demeure d'exécuter les traités qu'ils ont signés, de respecter la vie de leurs sujets arméniens, on ne trouve plus chez elle qu'inertie, convoitises et rivalités!

Ainsi donc, les musulmans ont pu, pendant de longs mois, massacrer à leur aise deux ou trois cent mille chrétiens en Arménie, sans que l'Europe consente à agir! Mais dès que la petite Grèce se décide à intervenir en faveur de ses frères, dès que les Turcs sont inquiétés, l'Europe, jusque-là si indifférente aux maux des chrétiens d'Orient, sort enfin de sa torpeur, non pour seconder l'action hellénique, mais pour s'y opposer!

Parce que les Turcs sont menacés en Crète, elle débarque ses marins et déclare qu'elle s'opposera, même par la force, à l'intervention de la Grèce!

Cette politique européenne, si on la dépouille des artifices diplomatiques dont elle s'entoure, se réduit donc à ce fait brutal : elle ne sort de l'inertie criminelle qu'elle a montrée pendant que trois cent mille chrétiens étaient égorgés, que pour prendre parti, non pour les victimes, mais pour les bourreaux !

Les soldats, les canons et les vaisseaux des puissances, au lieu de venir au secours des chrétiens massacrés, ont ordre de protéger les musulmans égorgeurs...

Est-ce que l'unanimité de cette « action commune » des puissances se retrouvera le jour prochain où, sous la pression de nouveaux événements, plus terribles que les précédents, il faudra obliger le sultan à introduire enfin dans l'administration de son empire, et surtout en Arménie, les réformes qui seules pourront mettre un terme aux atrocités qu'il laisse perpétrer depuis des années, et que seule la force pourra réprimer?

Hélas! nous doutons que cet accord, si vanté aujourd'hui, se manifeste au moment où il faudra agir d'urgence pour une œuvre beaucoup plus utile, plus humanitaire, plus nécessaire, que de faire le blocus de la Grèce ou de la Crète.

Vous craignez, dites-vous, le démembrement de la Turquie, parce qu'il amènerait fatalement le conflit suprême que vous redoutez; et voilà pourquoi vous vous mettez d'accord pour assurer son intégrité.

Mais ce n'est pas en mitraillant les chrétiens de la Grèce, pendant que vous abandonnez les Arméniens à l'extermination, que vous sauverez l'empire ottoman de la décomposition finale.

Votre « action commune » serait bien plus féconde pour la paix européenne, pour la sécurité de ce qui reste encore de chrétiens en Turquie, et pour l'assainissement de cet empire, si vous imposiez enfin les réformes que vous élaborez depuis deux ans, que vous annoncez toujours comme prochaines, que vous n'exécutez jamais !

Si, jusque-là, votre action a été impuissante, c'est qu'elle s'est traduite par de simples représentations ou par des menaces que le sultan ne daigne même pas prendre au sérieux, parce qu'elles manquent de sanction. Il ne cédera jamais qu'à la force.

Rien ne se fera en Turquie tant qu'une parole ferme et nettement énergique, appuyée par une démonstration navale, ne signifiera pas à Abd-ul-Hamid que son trône dépend de la cessation immédiate des massacres, et, aujourd'hui surtout, de l'exécution sérieuse, sous votre contrôle direct, des réformes dans les provinces chrétiennes.

Ce n'est pas en Crète contre les Grecs, c'est en Arménie contre les Turcs que vous auriez dû diriger vos escadres pour y venger l'humanité outragée comme elle ne l'a jamais été dans le cours des siècles.

C'est contre le sultan qui vous leurre de promesses fallacieuses, qui tient depuis si longtemps votre diplomatie en échec, qu'il fallait inaugurer votre concert européen armé, afin de mettre un terme à ces épouvantables et trop longs massacres — qui durent toujours !

C'est au service de la solidarité chrétienne et de la justice que vous devriez employer vos troupes et vos canons, au lieu de les mettre au service de la brutalité et de la barbarie.

La conscience publique se révolte contre ce que vous faites là. C'est une faute lourde, c'est un crime de lèse-humanité, que vous et vos peuples paierez très cher, soyez-en sûrs, — peut-être à courte échéance.

F^s Charmetant.

www.ingramcontent.com/pod-product-compliance
Lightning Source LLC
Chambersburg PA
CBHW060717050426
42451CB00010B/1486